BEI GRIN MACHT SICH IHR WISSEN BEZAHLT

- Wir veröffentlichen Ihre Hausarbeit, Bachelor- und Masterarbeit

- Ihr eigenes eBook und Buch - weltweit in allen wichtigen Shops

- Verdienen Sie an jedem Verkauf

Jetzt bei www.GRIN.com hochladen und kostenlos publizieren

Bibliografische Information der Deutschen Nationalbibliothek:

Die Deutsche Bibliothek verzeichnet diese Publikation in der Deutschen National-
bibliografie; detaillierte bibliografische Daten sind im Internet über http://dnb.d-
nb.de/ abrufbar.

Impressum:

Copyright © 2019 GRIN Verlag
Druck und Bindung: Books on Demand GmbH, Norderstedt Germany
ISBN: 9783346149831

Dieses Buch bei GRIN:

https://www.grin.com/document/538718

Lea Siekert

Differenzierung im Kunstunterricht

GRIN Verlag

Name: Lea Siekert

LAG Deutsch / Kunst und Gestaltung

Semester: 5

Differenzierung im

Kunstunterricht

REFERATSVERSCHRIFTLICHUNG

Einführung in die Theorie und Praxis der Kunstpädagogik | Modul 1

Wintersemester 18/19, 20.02.2019 | Universität Greifswald, Caspar-David-Friedrich-Institut

Inhaltsverzeichnis

1. Einleitung

Wie heterogen ein Klassenzimmer ist, hängt immer von den Schülern und Schülerinnen ab. Tagtäglich werden wir als angehende Lehrkräfte mit der Vielfalt von Kindern und Jugendlichen zu tun haben, sei es in Hinsicht auf die Motivation, das Interesse oder die Schülerleistung. Die zunehmende Heterogenität in Klassenzimmern wirft Fragen auf. Die Antwort lautet differenzierter Unterricht. (vgl.Scholz 2016, S.7) Lehrer gehen oft von einem Durchschnittsschüler aus und unterrichten

> „nach dem Prinzip des sogenannten 7-G-Unterrichts. Die gleichen Schüler lösen beim gleichen Lehrer im gleichen Raum zur gleichen Zeit die gleichen Aufgaben mit dem gleichen Ergebnis. Doch es ist sicher eine große Illusion zu glauben, erfolgreiches Lernen lasse sich nach dem Prinzip des Gleichschritts organisieren." (Scholz 2016, S.12)

Besonders der Kunstunterricht bietet der Lehrperson diverse Möglichkeiten differenziert zu arbeiten. Aus diesem Grund wird sich in dieser Referatsverschriftlichung sowohl mit der Differenzierung allgemein im Unterricht, als auch mit der Differenzierung speziell im Kunstunterricht umfassend beschäftigt. Beginnen werde ich mit den Inhalten des Referates. Dabei wird zunächst auf den Begriff der Differenzierung eingegangen und daraufhin allgemeine Daten und Fakten angebracht. Anschließend grenze ich die innere von der äußeren Differenzierung ab, woraufhin ich mich den Gründen für eine Differenzierung im Kunstunterricht widme. Der nächste Punkt umfasst sowohl die Formen der Gestaltung eines differenzierten Unterrichts, als auch die individuellen Förderschwerpunkte, die bei jedem Schüler/jeder Schülerin berücksichtigt werden sollten. Anhand eines Fallbeispiels werde ich näher auf die einzelnen Entwicklungsbereiche eingehen, wobei gezeigt wird, dass es möglich ist, jeden Schüler in seinem Lernen dort abzuholen, wo er momentan steht. Die Differenzierung bringt für viele Lehrkräfte Herausforderungen mit sich, sodass die praktische Umsetzung häufig zu Problemen führen kann. Auch auf diese negativen Aspekte werde ich mich beziehen. Im Anschluss daran erläutere ich Gelingensbedingungen. Darüber hinaus möchte ich das Referat reflektieren; inwieweit das geplante Vorgehen von der tatsächlichen Umsetzung abgewichen ist und welche Verbesserungsvorschläge und Änderungen ich im Nachhinein vorgenommen hätte. Abgerundet wird die Referatsverschriftlichung durch ein Fazit.

2. Hauptteil

2.1 Inhaltliches

2.1.1 Begriffsklärung und Allgemeines

Der Begriff „Differenzierung" stammt vom lateinischen „differentia" ab, welches die Bedeutung des Unterschiedes bzw. der Verschiedenheit besitzt. Wird der Begriff auf die Didaktik bezogen, bezeichnet er

> „die Bemühungen, durch organisatorische und methodische Maßnahmen den individuellen Begabungen, Fähigkeiten, Neigungen und Interessen einzelner Schüler oder Schülergruppen innerhalb einer Schule oder Klasse gerecht zu werden." (Klafki/Stöcker 1976, S.497)

Da jeder Schüler und jede Schülerin verschiedene Eingangsbedingungen mit sich bringen, ist es die Aufgabe der Lehrperson diesen Voraussetzungen gerecht zu werden. Die Individualität der einzelnen Lernenden macht sich auch in Bezug auf den außerschulischen Bereich bemerkbar.

> „Differenzierung in […] Schule und Unterricht bedeutet die zeitweilige Auflösung einer größeren und formal zusammengehörigen Gruppe von Lernenden zugunsten kleinerer homogenerer Gruppen." (Bos/Beutel/Porsch 2013, S.44)

Das Ziel der Differenzierung ist nie, die Heterogenität aufzulösen, sondern den einzelnen Schülern und Schülerinnen gerecht zu werden und ihnen die Möglichkeit zu geben, sich bestmöglich entfalten zu können.

> „Differenzierung erscheint in dem Augenblick als pädagogischer Grundbegriff, d. h. als eine unverzichtbare Notwendigkeit, wo Unterricht und Erziehung in einer Gruppe stattfinden. […] Die prinzipielle Gleichheit dieser Sollensaufgabe, verknüpft mit der tatsächlichen Ungleichheit ihrer Verwirklichung verbindet und trennt die Menschen zugleich." (Ipfling 1974, S. 71)

Der Maßstab der Qualität der Differenzierung ist der Lernfortschritt des einzelnen Schülers verankert in der Lerngemeinschaft. Es versteht sich als Unterrichtsprinzip auf Strukturebene von Unterrichtsplanung, Unterrichtsausführung und Unterrichtsauswertung. Dabei ist die Strukturebene der Zielebene untergeordnet. Denn so notwendig ein differenzierter Unterricht auch ist, wird nicht unterrichtet um zu differenzieren, sondern differenziert um Lern- und Lehrziele zu erreichen. Nur dann versteht sich Differenzierung als gelungen. Das Konzept des Lernens auf gemeinsame Ziele bedeutet auch, Teil- und Feinziele zu beachten. Dabei werden unterschiedliche Vereinbarungen mit den einzelnen Schülern getroffen. Diese Teilziele können in Hinsicht auf Interesse oder Lernvoraussetzungen unterschiedlich ausgerichtet werden. (vgl. Hilmes/Seydel 2018, S.6) Eine gute

Differenzierung erfordert zuerst eine hohe Aufmerksamkeit des Lehrenden. (vgl.Himes/Seydel 2018, S.7) Es wird ressourcenorientiert auf den Lernprozess gearbeitet und eine passive Stellung als Beobachter eingenommen. Werden Differenzierungspotenziale bei Schülern erkannt, werden anschließend zielorientierte Entscheidungen zu Hilfestellungen, methodischen und medialen Einsätzen und Unterrichtsorganisation getroffen. Die Wichtigkeit der Differenzierung erkannte auch Herbart schon Anfang des 19. Jahrhunderts.

> „Die Verschiedenheit der Köpfe ist das größte Hindernis aller Schulbildung. Darauf nicht zu achten ist der Grundfehler aller Schulgesetze, die den Despotismus der Schulmänner begünstigen und alles nach einer Schnur zu hobeln veranlassen." (Herbart 1806)

2.1.2 innere und äußere Differenzierung

Das „Geleitzugprinzip", „bei dem sich 30 Schüler gleichermaßen der Vermittlungsstrategie eines Lehrers anpassen müssen" (Bönsch 2012, S.9), soll mit Hilfe der Binnendifferenzierung weitestgehend abgelöst werden. Durch variable Anforderungen und Methoden soll der Unterricht eher einer Lernweggestaltung gleichen. Das selbstständige Lernen steht im Fokus. (vgl. Bönsch 2012, S.9) Schüler und Schülerinnen arbeiten in einer flexiblen Unterrichtsstruktur auf gemeinsame Lernziele hinzu. Es wird der Einzelne in der heterogenen Gruppe individuell gefördert, angepasst an seine Fähigkeiten und Fertigkeiten. Da bei der Form der inneren Differenzierung das Augenmerk auf dem Individuum liegt, wird von einer lernerzentrierten und kooperativen Form des Lehrens gesprochen. Das Prinzip der äußeren Differenzierung verfolgt das Ziel, die Heterogenität einer Gruppe aufzulösen. Lernende werden in vermeintlich homogenen Gruppen gefördert, wobei das Augenmerk nicht auf dem Individuum liegt. Im Gegensatz zur Binnendifferenzierung, bestehen hier keine gemeinsamen Lernziele zwischen den einzelnen Gruppierungen. Ein gutes Beispiel stellt die Auflösung eines Klassenverbandes in Leistungskurs und Grundkurs dar. Jeder Schüler des einen Kurses hat vermeintlich den gleichen Wissensstand, sodass eine homogene Gruppe erwartet wird. Die beiden Kurse verfolgen keine übereinstimmenden Ziele.

2.1.3 Gründe

Schüler und Schülerinnen bringen für jedes Fach verschiedene Ausgangsbedingungen mit sich. Daher ist es notwendig, den einzelnen Kindern bzw. Jugendlichen Möglichkeiten zu bieten, an ihr bisheriges Wissen und Können anzuknüpfen. Das Ziel der Kompetenzvermittlung darf dabei nicht aus den Augen gelassen werden. Um differenziert zu lehren, wird das Leistungsniveau des einzelnen Lernenden bestimmt. Potenziale und Defizite werden zur Kenntnis genommen. So gibt es in der Kunst mehrere Teilbereiche in denen ein Schüler oder eine Schülerin entweder herausragend, durchschnittlich oder weniger begabt sein kann. Oft gehen diese Voraussetzungen in der Sekundarstufe 2 sehr weit auseinander. Geschuldet ist dies meist den eigenen Kunsterfahrungen, inneren angeeigneten Bildvorräten und vor allem dem vorangegangenen Unterricht. Es lässt sich oft sehr gut nachverfolgen, wo die Gründe für Defizite im Kunstunterricht liegen. So verfügt jeder Mensch über eine eigene Wahrnehmungsintensität. (vgl. Hilmes/Seydel 2018, S.4) Diese kann entweder sehr hoch ausgeprägt sein oder auch niedrig. In Hinsicht auf eine Bildanalyse ist dieser Aspekt von hoher Bedeutung. So erkennt der eine Schüler wichtige Details, die der Künstler in sein Werk mit aufgenommen hat, der andere übersieht diese, da er das Detail schlichtweg nicht wahrgenommen bzw. als wichtig empfunden hat. Auch die unterschiedlich gut ausgeprägte Geschicklichkeit in der Feinmotorik spielt eine Rolle im Kunstunterricht. (vgl. Hilmes/Seydel 2018, S.4) Sie umfasst unter anderem Regungen „der Hände und Finger, sowie die Koordination beider Hände." (Prittworld) Die Entwicklung dieser Fähigkeiten sind schon bei Kindern im Alter ab drei Jahren erkennbar. Da der Gebrauch von Handys, Laptops, Tablets und vielem mehr, immer weiter zunimmt, wird das Interesse an Handschrift und Schreibkunst immer geringer. Dies führt dazu, dass es Kindern schwerer fällt, ein Gefühl für die eigenen Hände zu bekommen. Handwerkliche und künstlerische Übungen schaffen diesem Problem Abhilfe, sodass Kinder auf eine spielerische Art ihre Feinmotorik verbessern können. Arbeiten mit Pinsel, Stift oder Schere fordert und fördert die Koordination der Finger. Umso ausgeprägter die Feinmotorik ist, desto detaillierter und feiner werden auch die angefertigten Zeichnungen. (vgl. Prittworld)

> „Kinder verspüren einen permanenten Drang, ihre Kreativität und künstlerischen Phantasien auszudrücken. Basteln ist eine gute Möglichkeit, diese Phantasie von Kindern zu fördern." (Prittworld)

Am Beispiel der Feinmotorik lässt sich gut sichtbar machen, wie wichtig es ist, Defizite zu hinterfragen. Weshalb ist der Schüler/die Schülerin feinmotorisch nicht so geschickt?

Diese Versäumnisse liegen meist in der frühen Kindheit. Umso wichtiger ist es, diesen Schülern/Schülerinnen den Raum zu lassen, die Fähigkeit weiter zu fördern um Defizite auszugleichen oder um Potenziale auszubauen. Daran anknüpfend ist die Kunstnähe bzw. Kunstferne im Elternhaus von großer Relevanz. (vgl. Hilmes/Seydel 2018, S.4) Wie vorangehend erwähnt, prägen sich schon im frühen Kindesalter Fertigkeiten und Fähigkeiten aus. Werden diese zusätzlich zu Hause unterstützt, ist es seltener, dass Defizite entstehen. Welche Einstellung ein Schüler oder eine Schülerin gegenüber der Kunst hat, hängt oftmals vom eigenen Interesse ab. Dieses kann durch Museums-, Galerie- und Vernissagebesuche gesteigert werden. Lebt die Familie den Kindern ein Leben vor, in dem die Kunst integriert ist, so wird der Sinn für die Kunst schon in Kinderzeiten geschult. Auch die Jungs- oder Mädchensozialisation ist von Bedeutung. Geprägt von der eigenen Lerngeschichte besitzen Lernende unterschiedliche Kenntnisse zu bildnerischen Verfahren. (vgl. Hilmes/Seydel 2018, S.4) Dazu gehört nicht nur das Zeichnen oder das Malen. Das Collagieren, das Fotografieren, das Modellieren, die Anwendung von Drucktechniken und vieles mehr zählen auch zu diesem Bereich. Um zu differenzieren, muss der Lehrende sich zuerst ein Bild machen, inwieweit welcher Schüler welche Kenntnisse zu unterschiedlichen Verfahren besitzt. Darauf aufbauend kann er dann seinen Unterricht gestalten. Auch das Abstraktions- und Vorstellungsvermögen der Schüler ist meist unterschiedlich weit ausgeprägt. (vgl. Hilmes/Seydel 2018, S.4) Bei Bildinterpretationen werden diese Fähigkeiten verlangt. Um jedem Schüler gleiche Bedingungen zu schaffen, kann für schwächere Schüler bzw. Schülern mit einem gering ausgeprägten Abstraktionsvermögen Werke herausgesucht werden, in denen die Aussage des Künstlers deutlicher dargestellt ist als in anderen. Ein wohl überwiegender Grund, der zur Differenzierung veranlasst, ist die unterschiedliche Arbeitsgeschwindigkeit. Dieser Punkt schließt das ausdauernde bzw. flüchtige Arbeiten der Schüler mit ein. (vgl. Hilmes/Seydel 2018, S.4) Die Lehrperson sollte stets darauf vorbereitet sein, dass ein Schüler schneller fertig ist, als erwartet. In diesem Fall können weitere Anregungen zum Thema erfolgen, sodass sich der Schüler in einer weiteren Arbeit zur selben Thematik entfalten kann. Eine weitere Möglichkeit besteht darin, prinzipiell für schnelle Schüler im Vornherein zusätzliche Aufgaben bereitzustellen. Schnelles Arbeiten ist jedoch nicht immer gleich gut. Oft zeugt es von Ungenauigkeit und Flüchtigkeit. In diesem Fall können Anregungen zur Verbesserung bzw. zur Erweiterung vom Lehrer folgen. Darüber hinaus gibt es die Schüler, welche sich sehr intensiv mit einer Aufgabe auseinandersetzen und länger als erwartet arbeiten.

2.1.4 Formen und Förderschwerpunkte

Für Lehrkräfte gibt es mehrere Möglichkeiten zu differenzieren. Jede Quelle gruppiert diese anders. Ich habe mich für eine Gruppierung entschieden, die aus vier Formen besteht. Die erste von ihnen nennt sich die mediale Differenzierung. Sie umfasst das Arbeiten mit verschiedenen Medien. Es wird sich bis heute darum gestritten, ob es verschiedene Lerntypen gibt. Wenn davon ausgegangen wird, dass diese tatsächlich existieren, so ist es sinnvoll ein breitgefächertes mediales Angebot bereitzustellen, damit die Sinne eines Schülers bestmöglich angesprochen werden. Das Spektrum reicht von auditiven, haptischen und visuellen Lernwegen über handlungsorientierte Lernwege bis hin zu kognitiv-analytischen und kommunikativ-kooperativen Lernwegen. (vgl. Scholz 2016, S.43) Ob Text, Bild, Grafik, Video, Modell oder Experiment ist dabei völlig egal. So müssen nicht unbedingt schriftliche Anleitungen für beispielsweise einen Siebdruck gegeben werden, sondern es wird sich auf Youtube ein Tutorial zum Thema angeschaut. Oft ist dies für Schüler ansprechender, als stupides Lesen oder Zuhören. Darüber hinaus gibt es die soziale Differenzierung. Sie wird meist in Kombination mit den weiteren Formen angewandt. Die Differenzierung nach Sozialformen dient hauptsächlich dem sozialen Lernen. Der individualisierende Unterricht in Einzelarbeit kann Wochen- und Arbeitspläne oder auch Lernprogramme enthalten. Der kooperative Unterricht in Partner- oder Gruppenarbeit kann mit Hilfe von Projekten oder Gruppenpuzzles erreicht werden. Vorträge oder auch Präsentationen zählen zum gemeinsamen Unterricht im Klassenverband. Alle Sozialformen sollten in gleichen Maßen praktiziert werden, sodass kein Ungleichgewicht entsteht. Während der Einzelarbeit können Schüler das Tempo der Denkschritte und die Reihenfolge der zu bearbeitenden Aufgaben selbst bestimmen. Die Partnerarbeit hingegen ermöglicht auch individuelle Denkvorgänge, fördert jedoch die kognitive Leistungsfähigkeit mehr als die Einzelarbeit. (vgl.Scholz 2016, S.51-52)

„Im Rahmen der GA können die Schüler verstärkt soziale und kommunikative Kompetenzen weiterentwickeln, die für einen geglückten Umgang mit Heterogenität unerlässlich sind. Sie üben sich darin, einander zuzuhören, andere Standpunkte kennen zu lernen und ihren eigenen zu vertreten, Kompromisse zu schließen, Gruppengespräche zu moderieren etc." (Scholz 2016, S.54)

Unterscheiden lässt sich die Gruppenarbeit insofern, dass sie entweder arbeitsgleich oder arbeitsteilig aufgebaut ist. Darüber hinaus entscheidet die Lehrkraft, ob in leistungshomogenen Gruppen oder in leistungsheterogenen Gruppen gearbeitet wird. Beide Formen sollten sich die Waage halten, da

„Erfahrungen in der Unterrichtspraxis zeigen, dass Schülerinnen und Schüler es schätzen, sowohl in leistungshomogenen als auch in leistungsheterogenen Gruppen arbeiten zu können." (Scholz 2016, S.55)

Des Weiteren lässt sich der Unterricht auch methodisch differenzieren. Jeder Schüler tendiert zu einer bevorzugten Arbeitsweise. Mit Hilfe verschiedener Methoden wird den Lernenden der Zugang zum Unterrichtsgegenstand erleichtert. Lernen durch Lehren, Kugellager, Planspiel, Pinnwandmoderation, Stationenlernen oder Teamteaching sind nur wenige von zig Möglichkeiten. Zwar soll der Unterricht abwechslungsreich sein, die Lehrperson muss jedoch darauf achten, die Kinder nicht mit Methoden zu überschütten. Auch hier muss ein Mittelmaß gefunden werden. Darüber hinaus lässt sich thematisch differenzieren. Oft geschieht dies, indem eine Grundaufgabe in verschiedene Schwierigkeitsgrade eingeteilt wird. Im Kunstunterricht ist diese Form der Differenzierung sehr gut umzusetzen. Beispielsweise gibt die Lehrperson 5 verschiedene Themen vor, sodass die Schüler sich für das für sie ansprechendste entscheiden können. Das gemeinsame Lernziel besteht darin, dass sie mit gleichen Materialien bzw. mit der gleichen Technik arbeiten (z.B. Modellieren). Bei all den Formen der Differenzierung wird auf Förderschwerpunkte der Schüler eingegangen. Diese Entwicklungsbereiche umfassen soziale, kognitive, sensomotorische, kommunikative und emotionale Aspekte. Anhand des Fallbeispiels „Ich im Spiegel" lassen sich die Entwicklungsbereiche und die damit einhergehenden Lernbereiche gut erklären. Das Thema der Unterrichtsreihe lautet „Ich im Spiegel". Der gemeinsame Unterrichtsgegenstand ist das Erforschen von Künstlerzeichnungen. Schülerinnen und Schüler haben einen gemeinsamen Ausgangspunkt, indem sie Selbstportraits berühmter Künstler kennenlernen. Während Kinder ohne Förderschwerpunkte das naturalistische Zeichnen üben oder Merkmale von Bildkompositionen kennenlernen, ergeben sich für Schüler mit Förderbedarf andere Lernmöglichkeiten. Soll der soziale Entwicklungsbereich gefördert werden, bietet sich das „Sortieren der Bilder nach bestimmten Merkmalen und Kategorien" (Schoppe/Rompel 2018, S.63) an. Sie lernen dadurch anderen zuzuhören oder auch selbst im Mittelpunkt zu stehen. Die Kooperationsfähigkeit wird gefördert. Liegt der Förderschwerpunkt im kommunikativen Bereich so können die Kinder die Bilder und Inhalte beschreiben und dabei von sich selbst erzählen. Es schult den Umgang mit Worten, sodass Grammatik, Redefluss, Sprachverständnis und Kommunikationsbereitschaft gefördert werden. Der kognitive Entwicklungsbereich umfasst die intellektuelle Entwicklung eines Kindes. Abstraktes Denken schließt das Problemlösen und auch die Wahrnehmungsfähigkeit mit ein. Bedarf dieser Bereich Förderung, ist das Untersuchen des Phänomens „Spiegelung" oder das Erforschen von Licht und Schatten eine

sinnvolle Aufgabe. Wenn der sensomotorische Bereich bei einem Schüler nicht gut ausgeprägt ist, kann die Möglichkeit in Erwägung gezogen werden, ihm eine Kamera zu
geben und diese zu handhaben oder sich selbst zu verkleiden. Die eigene Motorik wird
dadurch geschult. Für Kinder dessen Förderschwerpunkt im emotionalen Bereich liegt,
kann das Erkennen und Unterscheiden von Emotionen auf den Künstlerportraits eine
Lernmöglichkeit darstellen. (vgl. Schoppe/Rompel 2018, S.63) Der emotionale Bereich
ist eng mit dem sozialen Bereich verknüpft. Oft ist es für betroffene Personen schwer,
Emotionen zu erkennen und auszudrücken. Besonders für Schüler mit Förderbedarf ist es
von großer Relevanz, dass Lernziele individuell vereinbart werden.

2.1.5 Herausforderungen, Gefahren und Grenzen

Sowohl für die Lehrperson als auch für die Lernenden hält die Differenzierung im Unterricht Herausforderungen, Gefahren und Grenzen bereit. Das Prinzip der Differenzierung
beansprucht Ressourcen in Durchführung und Vorbereitung der Unterrichtsstunden. Es
wird an schulorganisatorische Grenzen gestoßen, wenn es um Arbeitsmaterialien, Räum-
lichkeiten und Lernzeitbedarf geht. Der hohe Anspruch an die diagnostische Kompetenz
ist nicht zu unterschätzen. Lehrpersonen müssen Eingangsbedingungen hinsichtlich au-
ßerschulischem Lernumfeld und Lernentwicklung diagnostizieren. Besitzt ein Lehrer
diese Kompetenz nicht, ist die Grundvoraussetzung für die Differenzierung im Unterricht
nicht erfüllt. Ein Beispiel für die Grenzen der Differenzierung ist der Aspekt der Leis-
tungsbeurteilung.

> „Eine kompetenzorientierte und differenzierte Leistungsbeurteilung versucht sich
> nicht nur den Anforderungen des Bildungsplanes und der Gesellschaft gerecht zu
> werden, sondern nimmt verstärkt die individuellen Voraussetzungen und Bedürf-
> nisse der Schüler in den Blick." (Scholz 2016, S.95)

Der motivationale Aspekt spielt für die Schüler eine sehr große Rolle. Bei differenziertem
Unterricht kann Gefahr gelaufen werden, dass die Motivation der Schüler sinkt. Beispielsweise dann, wenn der Zugpferdeffekt wegfällt und die schwächeren Schüler sich
damit „abfinden", dass sie zur leistungsschwachen Gruppe gehören. Daraufhin kann dies
zu einer zunehmenden Rollenfixierung oder Isolation der Schwächeren führen. (vgl.
BS_Themenskript_Differenzierung_Individualisierung, S. 2) Des Weiteren kann es zur
Niveauabsenkung kommen oder zu Verwerfungen in der Klassengemeinschaft. Dies geschieht, wenn das Prinzip der Differenzierung für Schüler nicht transparent gemacht wird
und sie kein Verständnis für Mitschüler zeigen, die eventuell leichtere Aufgaben lösen

oder mehr Hilfestellungen bekommen. Ein Problem, vor welchem Lehrende oftmals stehen, sind die Lehrbücher. (Frölich 2012, S.5) Es sind immer noch viel zu wenig auf den differenzierten Unterricht ausgerichtet. Besonders im Kunstunterricht ist noch nicht viel Material zum differenzierten Unterrichten auf dem Markt. Die mangelnde Methodenkompetenz bei Lehrern und der damit verbundene Zeitaufwand stellt für viele ein Problem dar. Meist auch nur bei Personen, die keinerlei Motivation haben zu differenzieren. Es ist nicht zu verleugnen, dass durch dieses Prinzip auch eine enorm hohe Arbeitsbelastung auf Lehrpersonen zukommt. (Frölich 2012, S.5) Diese Belastung kann schnell zur Überforderung führen.

2.1.6 Gelingensbedingungen

Die Differenzierung ist nicht nur negativ behaftet, im Gegenteil. Wenn gewisse Voraussetzungen und Bedingungen erfüllt werden, beugt man den Problemen vor. Es sollten Rituale der Gesprächsführung eingeführt werden. Diese umfassen Gesprächs- und Diskussionsstrukturen, Umräumrituale (beispielsweise Tischgruppen), Übungen zum Tolerieren anderer Meinungen und das Lernen des Redens und Zuhörens. Auch Rituale der Konfliktregelung und Rituale der Gemeinsamkeit stärken das Klassenklima. Gemeinsame Schulfeste oder Projekte und auch die Klassenraumgestaltung tragen dazu bei. (vgl. BS__Themenskript_Differenzierung_Individualisierung, S. 3-4) Die Lehrkraft muss die Differenzierungsangebote realistisch planen (vgl. Hilmes/Seydel 2018, S.7) und hinsichtlich Raums, Zeit und Aufsichtsperson organisiert sein. Auch das Verfügen über eine ausgereifte pädagogische Kompetenz ist unerlässlich.

> „Neben der Rolle des Wissensvermittlers muss der Lehrer in der Ausbildung und Weiterbildung stärker als bisher auf seine Aufgabe als Berater und Begleiter individueller Lernprozesse vorbereitet werden, um mit differenzierten Lernarrangements auf die unterschiedlichen Bedürfnisse und Fähigkeiten der Schüler einzugehen und sie zum selbstgesteuerten und selbstverantwortlichen Lernen anzuleiten." (Scholz 2016, S.110)

Gegenüber den Schülern sollte die Lehrkraft im Stande sein, differenzierte Rückmeldungen zu geben und Ziele klar darzustellen und diese für alle transparent zu machen. (vgl. Hilmes/Seydel 2018, S.7) Der Begriff Passung spielt auch hier eine entscheidende Rolle. Es muss immer geschaut werden, ob die Methoden, Materialien und Maßnahmen auch zum Unterrichtsgegenstand und zur Lerngruppe passen. Mit Konsequenz und Kompetenzorientierung, Motivation und Methodenkompetenz legt ein Lehrer die Grundsteine für einen gut funktionierenden differenzierten Unterricht. Aber auch die Schüler sollten diesem Prinzip offen gegenüberstehen, ihre Mitschüler achten und anerkennen und die Fähigkeit besitzen oder erlernen, selbstständig zu lernen. Abschließend lässt sich sagen, dass im Vornherein Regelungen zwecks Gleichberechtigung, Organisation und Zielsetzung getroffen werden müssen, damit keine Frustrationsherde entstehen.

2.2 Reflexion über geplantes vs. tatsächliches Vorgehen

Diese Verschriftlichung bezieht sich auf einen von zwei Teilen des Referates. Aus diesem Grund werde ich den Teil „Inklusion im Kunstunterricht" nicht reflektieren, sondern nur den von mir gehaltenen und verschriftlichten. Uns war es wichtig, dass wir viel Interaktion in das Referat einbauen, um die Aufmerksamkeit der Kommilitonen bei uns zu behalten. Wir wollten erreichen, dass eine gewisse Grundstimmung im Raum liegt. Dazu hatten wir im Vornherein Sprechblasen vorbereitet, die sowohl Aussagen von missverstandenen, traurigen, gelangweilten oder auch leistungsschwachen Schülern enthielten, als auch eine Aussage einer genervten, nicht verständnisvollen Lehrerin. Ich denke, dass diese auflockernde Form eines Referatsbeginns gut gelungen ist, da das Interesse der Kommilitonen geweckt wurde. Daraufhin gaben wir dem Publikum Zeit, in Form eines MindMaps alle Assoziationen zu den Themen Inklusion und Differenzierung aufzuschreiben. Somit konnte die Gruppe ihr Vorwissen aktivieren. Wenn ihnen im Laufe des Referates Fakten als wichtig erschienen, sollten sie diese mit einer anderen Farbe zum MindMap ergänzen. Dies sollte für uns zum Ende als Feedback dienen, ob und was wir zusätzlich vermitteln konnten. Auch unsere Präsentation sollte ansprechend und komprimiert sein, welches meiner Meinung nach gelungen ist. Während des Referates ließen wir immer wieder unsere Kommilitonen zu Wort kommen, sodass ein reger Austausch entstand. Wir verfolgten den Gedanken, dass sie erst selbst zu unseren einzelnen Themengebieten nachdachten und wir daraufhin vervollständigten bzw. korrigierten. Auch dies klappte bis auf ein paar Ausnahmen gut. Abschließend gaben wir weitere Sprechblasen in die Runde, sodass man einen roten Faden erkennen und sich auf den Beginn der Stunde zurückerinnern konnte. Die Sprechblasen symbolisierten nun eine Lehrerin, die ihren Unterricht differenziert gestaltete und zufriedene Schüler. Wir hoffen, dass dies für einen AHA-Effekt sorgte. Da die Zeit knapp wurde, haben wir nur beiläufig auf die vervollständigten MindMaps zurückgreifen können, bekamen aber dennoch das Feedback, dass unsere Kommilitonen neues Wissen mitnehmen konnten.

Alles in Allem empfand ich das Referat gelungen, da ich das Gefühl hatte, dass wir das Publikum abholen konnten. Sie arbeiteten aktiv mit. Mein Vorgehen würde ich insoweit verändern, dass ich besser gewählte Beispiele aussuchen würde, da ich davon ausgehen muss, dass ich „Experte" im Thema bin und das Vorwissen der anderen nicht immer zum Verständnis meiner Beispiele reicht. Des Weiteren grenze ich sprachlich Kinder ohne Förderbedarf von Kindern mit bestimmten Entwicklungsbereichen ab, indem ich von „normalen" Kindern rede. Diese sprachlichen Missgeschicke dürfen besonders bei diesem Thema nicht vorkommen. Am groben Ablauf des Referates würde ich auch im Rückblick nichts ändern.

3. Fazit

Die Differenzierung bringt sehr viele Chancen für die Schülerinnen und Schüler mit sich. Sie können bei richtiger Umsetzung individuell und maximal gefördert und gefordert werden. Es wird gelernt, gemeinsam in heterogenen Gruppen zu lernen. Ihre soziale Intelligenz steigt und Lernende werden befähigt, sich und ihre Fähigkeiten einzuschätzen. (vgl. BS__Themenskript_Differenzierung_Individualisierung, S. 1) Darüber hinaus steht jeder Lernende im Mittelpunkt seines eigenen Lernprozesses. Dieses Prinzip verdeutlicht, dass es in Ordnung ist, verschieden zu sein. Die Differenzierung erlaubt Unmengen an Möglichkeiten und eröffnet den Kindern eine neue Herangehensweise ans Thema Schule. In der Institution Schule sollen sich Kinder wohlfühlen, schließlich verbringen sie einen Großteil des Tages dort. Jenes gelingt nur, wenn sie sie selbst sein dürfen.

In Hinblick auf den weiteren Verlauf meines Studiums und meiner beruflichen Zukunft, hat mich das Referat und die Verschriftlichung dazu veranlasst, mich auch privat mit dem Thema des differenzierten, integrativen und inklusiven Unterrichts zu beschäftigen. Ich werde zusätzlich die Vorlesungen zur Sonderpädagogik besuchen, obwohl sie unverständlicherweise nur für das Regionalschullehramt ausgeschrieben sind.

4. Quellen-/Literaturverzeichnis

Scholz, Ingvelde (2016): Das heterogene Klassenzimmer - differenziert unterrichten. Vandenhoeck&Ruprecht, Göttingen

Herbart, Johann Friedrich (1806): Allgemeine Pädagogik aus dem Zweck der Erziehung abgeleitet. Röwer, Göttingen

Ipfling, Heinz-Jürgen (1974): Grundbegriffe der pädagogischen Fachsprache. Ehrenwirth, München

Beutel, Silvia-Iris/Bos, Wilfried/Porsch, Raphaela (2013): Lernen in Vielfalt -Chance und Herausforderung für Schul- und Unterrichtsentwicklung. Waxmann, Münster

Rompel, Andreas/Schoppe, Judith (2018): Aufgaben im Kunstunterricht. Klett/Kallmeyer, Seelze

Klafki, Wolfgang/Stöcker, Hermann (1976): Innere Differenzierung des Unterrichts. In: Zeitschrift für Pädagogik, 22. Jg

Hilmes, Judith/Seydel, Fritz (2018): Differenzierungsprozesse im Kunstunterricht. In: Kunst + Unterricht Heft 423/424, 2018

http://www.prittworld.com/germany/www/de/consumer/kreativitat-und-lernen/kreatives-basteln-lernen/fine-motor-skills.html (23.02.2019 / 13:04)

http://studienseminar.rlp.de/fileadmin/user_upload/studienseminar.rlp.de/gs-sim/service_download/BS__Themenskript_Differenzierung_Individualisierung_a.pdf (24.02.2019 / 7:00)

Frölich, Roland (2012): http://studienseminar.rlp.de/fileadmin/user_upload/studienseminar.rlp.de/gy-kl/latein/Handout_Binnendifferenzierung.pdf (24.02.2019 / 7:13)